D1188879

PERSONNAGES PRINCIPAUX

SASUKE UCHIWA

NARUTO UZUMAKI

SAKURA HARUNO

GAÏ

NEJI HYÛGA

ROCK LEE

TENTEN

KIBA INUZUKA & AKAMARU

HINATA HYÛGA

KABUTO

SHIKAMARU NARA

INO YAMANAKA

SHINO ABURAME

CHÔJI AKIMICHI

OROCHIMARU

LES NINJAS D'OTO NO KUNI

ZAKU

KANKURÔ

GAARA

ANKO MITARASHI

DOSU

KIN

TEMARI

EN COMPAGNIE DE SASUKE ET DE SAKURA, NARUTO, LE PIRE GARNEMENT DE L'ÉCOLE DES NINJAS DU VILLAGE CACHÉ DE KONOHA, POURSUIT SON APPRENTISSAGE.

À PRÉSENT QU'ILS FORMENT UNE ÉQUIPE D'APPRENTIS NINJAS, LES TROIS JEUNES GENS ACCOMPLISSENT DIFFÉRENTES MISSIONS. AINSI, ILS ONT ÉTÉ CHARGÉS DE LA PROTECTION DE TAZUNA, UN ARTISAN SPÉCIALISÉ DANS LA CONSTRUCTION DE PONTS. CETTE MISSION S'EST SOLDÉE PAR LA MORT DE ZABUZA ET DE HAKU, DES NINJAS HORS-LA-LOI ; MAIS NARUTO ET SES COMPAGNONS ONT ACCOMPLI LEUR TRAVAIL, ET ILS SONT RENTRÉS SAINS ET SAUFS AU VILLAGE CACHÉ DE KONOHA...

LÀ, ILS DÉCOUVRENT DES GROUPES D'ASPIRANTS NINJAS VENUS DE DIFFÉRENTS VILLAGES : CEUX-CI SE SONT RASSEMBLÉS À KONOHA POUR PASSER L'EXAMEN DE SÉLECTION DES NINJAS DE "MOYENNE CLASSE". KAKASHI PROPOSE À SES ÉLÈVES DE SE PRÉSENTER, EUX AUSSI, À CET EXAMEN. APRÈS AVOIR PASSÉ LA PREMIÈRE ÉPREUVE, UN EXAMEN ÉCRIT, NARUTO ET SES CAMARADES SE RENDENT SUR LES LIEUX DE LA SECONDE ÉPREUVE : "LA FORÊT DE LA MORT". AINSI COMMENCE UNE LUTTE SANS MERCI AFIN DE S'EMPARER DU ROULEAU QUE POSSÈDE CHACUNE DES ÉQUIPES CONCURRENTES...

SOMMAIRE

46ᵉ EPISODE:

LE MOT DE PASSE...!!

STAP

BON ! PUISQUE TOUTES LES ÉQUIPES ONT CETTE TOUR POUR OBJECTIF...

STAP

STAP

Snif

Snif

!!

... LE PLUS MALIN, C'EST D'ALLER SE POSTER EN EMBUSCADE À PROXIMITÉ.

OÙ SE CACHENT-ILS...?

OH... DÉJÀ ?

HNNG !!!

QU'EST-CE QUI T'ARRIVE ? TU ES TOUT PÂLE TOUT À COUP...

SWAP

!

... ILS NE NOUS ONT PAS ENCORE LOCALISÉS...

ON DIRAIT QUAND MÊME QU'ILS, SE SONT APERÇUS DE NOTRE PRÉSENCE, MAIS...

PELIH... DES GAMINS. ILS DISCUTENT À DÉCOUVERT COMME S'ILS NOUS INVITAIENT À LES ATTA- QUER.

SLOB

QU'EST-CE QUE C'EST QUE CE TRUC ?!

ちゅ

SLUUURP

モグ

!!

UUGYAAAAAHH !!

GRUP GRUP

バキ

バキ

GRUP バキ

PLAP PLAP

PLAP

ボォォォ

!!

PLAP PLAP

9

WHUP

!

BON SANG...

HHNG...

UUH...

FWIP

HUM ?!

BLUG

HHII

SWAAP

WHAAAAA!!!

LE TOUR EST JOUÉ !

LES SANGSUES VOLANTES DE KONOHA DÉTECTENT LEURS PROIES PAR LA TRANSPIRATION ET LA CHALEUR CORPORELLE ; ET QUAND ELLES ATTAQUENT, C'EST EN MEUTE.

5 MINUTES DE SUCCION CONTINUE ET ELLES VOUS ENVOIENT DANS L'AU-DELÀ. FACILE D'ATTIRER L'ENNEMI DANS SES FILETS LORSQUE L'ON CONNAÎT LES MŒURS DE CES CHARMANTES BESTIOLES.

... LA FÊTE A DÉJÀ COMMENCÉ.

ON DIRAIT QUE...

WHAAAA

うわああ

HOULÀ... CETTE ÉPREUVE COMMENCE À M'EF-FRAYER, MOI...

CES CRIS... QU'EST-CE QUE C'ÉTAIT ?!

...!

M... MAIS NON ! CE N'EST RIEN DU TOUT, SAKURA !

PAR CONTRE, SI C'ÉTAIT SASUKE... HI HI HI HI...

TU NE VAS PAS DÉBALLER TON ENGIN DEVANT UNE JEUNE FILLE INNOCENTE !!

VA FAIRE ÇA DANS LES BROUSSAILLES, ABRUTI !!

CLONG

AOUCH!!!

...

STOP STOP

!!

BOUGEZ PAS : IL FAUT QUE JE SOULAGE MA VESSIE !

MAIS TU VAS ARRÊTER D'ÊTRE SI VULGAIRE EN PRÉSENCE D'UNE DAME !!

GRRR

!

AÂÂÂÂH ! ÇA FAIT DU BIEN ! JE ME SENS PLUS LÉGER !!

FWAP

SDAM

ド

SA... SASUKE ! CE N'EST QUAND MÊME PAS LA PEINE D'ÊTRE SI BRUTAL...

カ

QUOI ?!

!!

OÙ EST LE VRAI NARUTO ?!

ZOOP

ズズ

HÉ ! QU'EST-CE QUI TE PREND ?!

HEIN ?!

TES TECHNIQUES DE MÉTAMOR-PHOSE SONT BIEN MOINS PERFOR-MANTES QUE CELLES DE NARUTO, SALE IMPOSTEUR !!!

ET SURTOUT, TU N'AS PAS LA CICATRICE DE LA BLESSURE QUE LUI A INFLIGÉE L'EXAMINATRICE TOUT À L'HEURE.

TU PORTES TON ÉTUI À SHURIKENS À LA JAMBE GAUCHE. OR, NARUTO EST DROITIER.

QU'EST-CE QUE TU RACONTES ...?

QUE...

!!

GNII ! GNN !

VOUS AVEZ PIGÉ ?!

LE MOINDRE RELÂCHEMENT RISQUE DE NOUS ÊTRE FATAL !!

IL N'Y AVAIT PAS D'AUTRE SOLUTION ! RESTEZ SUR VOS GARDES ! IL N'EST PEUT-ÊTRE PAS SEUL...

SASUKE !!

SWAP

BASH

STAP

HII !!

HNG !!

SWAP

HNNG... MON BRAS...

IL M'A EU, PAS DE BOL ...!

J'ÉTAIS VENU SEUL POUR ÉVITER DE ME FAIRE REPÉRER ; MAIS FINALEMENT, J'AURAIS BIEN EU BESOIN D'ASSISTANCE

IL S'ENFUIT ...

SFOOP

NE VOUS FIEZ PAS AUX APPARENCES, MÊME SI C'EST L'UN DE NOUS QUE VOUS AVEZ EN FACE DE VOUS.

LA PLUS GRANDE MÉFIANCE S'IMPOSE, SI NOUS NOUS RETROUVONS APRÈS AVOIR ÉTÉ SÉPARÉS...

VOUS AVEZ VU CE QUI VIENT DE SE PASSER. ÇA POURRAIT TRÈS BIEN SE REPRODUIRE.

SI, LORSQUE VOUS POSEREZ LA QUESTION, LA RÉPONSE DIFFÈRE DE CELLE QUI A ÉTÉ CONVENUE, N'AYEZ AUCUNE HÉSITATION...

PAR MESURE DE SÉCURITÉ, NOUS ALLONS DÉCIDER D'UN MOT DE PASSE.

CONSIDÉREZ CELUI QUI EST EN FACE COMME UN ENNEMI, PEU IMPORTE SON APPARENCE !

MAIS ALORS, COMMENT VA-T-ON FAIRE ?

ET VOICI CE QU'IL FAUDRA RÉPONDRE ...

LA QUESTION PORTERA SUR UN CHANT NINJA : "LES PRÉCEPTES DU NINJA".

ÉCOUTEZ-MOI BIEN, JE NE LE RÉPÉTERAI PAS...

... LE SHINOBI DOIT SAVOIR GUETTER LE MOMENT PROPICE...

"QU'IL SE TROUVE DANS LE TUMULTE, CERNÉ PAR DE NOMBREUX ENNEMIS, OÙ PASSER INAPERÇU EST LA RÈGLE, OU BIEN DANS UN LIEU CALME ET PAISIBLE OÙ IL NE TROUVERA NUL REFUGE...

QUEL IDIOT TU ES, MON PAUVRE NARUTO ! MOI, JE SAIS DÉJÀ TOUT ÇA PAR CŒUR !

HÉ HO ! T'AS PAS PLUS SIMPLE ? JE NE ME SOUVIENDRAI JAMAIS DE TOUT CE CHARABIA !

OK !

...

... CELUI OÙ L'ADVERSAIRE RÉVÉLERA SA FAIBLESSE ET SON INATTENTION."

JE PRENDS LE ROULEAU !

HÉ... VOUS ÊTES SÛRS DE PAS VOULOIR CHANGER DE MOT DE PASSE...?

SWIP
スッ

BIEN... CHANGEMENT DE STRATAGÈME...

21

QU'EST-CE QUE C'EST...?

FWUUUSH...

AÏE...

!

GwOOOOSH

UUWAAAAAAAH !!

ブォオオオオ

BVOOOOOOOSHH

!!

UN NOUVEL ASSAUT ?!

スッオオオン...

JE M'EN OCCUPE SEUL...

VOUS DEUX, RESTEZ PAR ICI...

ZWOOOOOM

!!

SHUUUP

QUOI?!

!!

WHAAA!!!

HY SWAP!

?! MAIS QU'EST-CE QUE TU RACONTES, SASUKE ?!

ZAM

CETTE FOIS, L'ENNEMI EST PLUS DANGEREUX : IL A RÉUSSI À ESQUIVER MON ATTAQUE SURPRISE...

NARUTO A POURTANT DONNÉ LE BON MOT DE PASSE..!

SASUKE... QU'EST-CE QUI TE PREND ?!

S.BLAM

POF

BRAVO, JE SUIS ÉTONNÉ...

HEIN?!

Smile

C'EST POUR ÇA QUE J'AI CHOISI CE MOT DE PASSE...

JE SAVAIS PARFAITEMENT QUE TU ESPIONNAIS NOTRE CONVERSATION, ENFOUI SOUS TERRE.

COMMENT AS-TU PU ME DÉMASQUER ?

FWUP

JE VOIS...

NI FAIBLESSE, NI INATTENTION CHEZ TOI, HEIN...?

JE SENS QUE JE VAIS M'AMUSER ENCORE PLUS QUE PRÉVU...

VOILÀ CE QUI T'A TRAHI...

NARUTO N'AURAIT JAMAIS PU RETENIR UNE PHRASE AUSSI LONGUE.

JOYEUX PREMIER ANNIVERSAIRE

PROFIL

ORIGINAIRE DE BEPPU, DANS L'ÎLE DE KYÛSHÛ. GRAND AMATEUR D'ALCOOL ET DE PAINS FOURRÉS À LA PÂTE DE HARICOTS ROUGES.

GROS MANGEUR. TENDANCE INCORRIGIBLE À OUVRIR SANS ARRÊT LE RÉFRIGÉRATEUR DE LA SALLE DE TRAVAIL.

DES MONTAGNES DE TRÉSORS DORMENT DANS LES PLACARDS DE SA MAISON.

AMOUREUX DU CUIR, ESPRIT REBELLE, ROULE EN MOBYLETTE.

BALANCE DES IDIOTIES PROPHÉTIQUES.

TRAVAIL : NOIRCISSAGES, TRAMES, DÉCORS, UNE SORTE DE CHEF POUR L'ÉQUIPE.

QU'EST-CE QUE C'EST QUE CETTE FORÊT DE FOUS...!!

... JE VOIS UN SERPENT AUSSI ÉNORME !!!

C'EST BIEN LA PREMIÈRE FOIS QUE...

SHWUUP

SHBAAA!

KZUM

!!

HAAAA

!

IL M'A ATTRAPÉ AVEC SA QUEUE !!

SHUUF

!!!! DERRIÈRE ?!

HNNG!!!

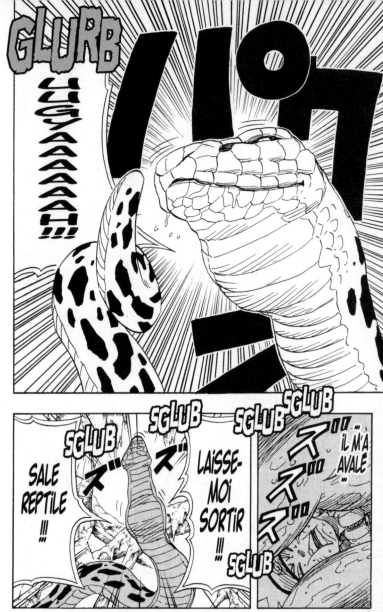

JE N'AURAIS JAMAIS CRU QUE C'ÉTAIT UN NOUVEL IMPOSTEUR...!

...!!

HMM

J'AURAIS DÛ Y PENSER...

LE VRAI NARUTO SERAIT ARRIVÉ EN DISANT QU'IL AVAIT OUBLIÉ LE MOT DE PASSE...

VOUS AVEZ BESOIN DU "ROULEAU DE LA TERRE" DE NOTRE ÉQUIPE...

JE SAIS QUE VOUS POSSÉDEZ UN "ROULEAU DU CIEL".

SWUP

QU'A-T-IL FAIT DE NARUTO ?

CE TYPE EST SI RÉPUGNANT...

GLUUB

!!

SLURP

GLOB

QUE LE MEILLEUR S'EMPARE DU ROULEAU QUI LUI MANQUE...

BIEN... COMMEN-CONS...

SLURB

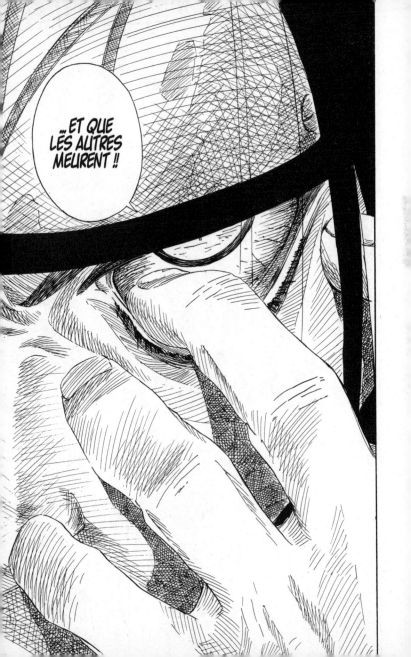

KZUUM

BWEUUUUGH!! HNNG...

HA HA HA

UN SORT D'ILLU-SION ..?!

A"

SDAM

QUELLE PUISSANCE ..!!

C'EST INCROYABLE ! EN UN SEUL REGARD, IL A DÉCLENCHÉ EN NOUS UNE VISION DE MORT ...

NON.. CE N'EST PAS UN SORT, C'EST L'EFFET DES ONDES D'HOSTILITÉ QU'IL DÉGAGE ...

SAKURA...

!!......

C'EST FOUTU ! LA FUITE EST NOTRE SEULE CHANCE...

C'EST LA FUITE OU BIEN...

...LA MORT !!

HÉ HÉ... TE VOILÀ PÉTRIFIÉ...

...

ALLEZ !!

JE DOIS
BOUGER,
JUSTE
UN TOUT
PETIT
PEU...

FWUUSH

ZWAAASH!

STAK STAK
カッカ

ZAM

DÉCIDÉMENT, CE GARÇON N'EST PAS UNE PROIE ORDINAIRE

ÉTONNANT : IL N'A PAS HÉSITÉ À S'ENTAILLER LA JAMBE POUR SE LIBÉRER DE LA TERREUR PAR LA DOULEUR

HNNG!!!

ズルボ!

SPLORCH

!!

ALLEZ ! RECRACHE-MOI !!

ENCORE UN BOL !

UURB !!

COMMENT POURRAIS-JE M'Y PRENDRE POUR QU'IL ME RECRACHE..?

...

JE VAIS VRAIMENT FINIR PAR ME DISSOUDRE DANS SES SUCS...

MiSÈRE !!

BLUURB

BOUFFE ÇA !! MULTI-CLONAGE !!

BON !!!

JE DOIS RETROUVER SAKURA ET SASUKE...

PAS QUESTION DE FINIR DANS L'APPAREIL DIGESTIF D'UN SERPENT !!

JE SUIS CELUI QUI DEVIENDRA LE PROCHAIN HOKAGE !!

!!

SASUKE !
EST-CE
QUE ÇA...

FWAM

...MAIS
COMMENT
FUIR... ?

BLA BLA
BLA

COMMENT
FAIRE POUR
NE PAS ÊTRE
REPÉRÉS...?

BLA BLA
BLA

IL FAUT SE
SAUVER EN
VITESSE, IL
NE VA PAS
TARDER À NOUS
RETROUVER
...

SHUP

!!

!

JE
NE L'AI
JAMAIS
VU
COMME
ÇA...

SASUKE
EST DANS
UN TEL ÉTAT
DE PANIQUE,
LUI QUI EST
TOUJOURS
SI CALME...

SASUKE ! ATTENTION AU SERPENT !!

HMMM !! HMMM !!

SCRUTT

shloooop

STAP

BON SANG...

J'ÉTAIS SI AFFOLÉ QUE JE N'AI MÊME PAS SENTI CET ANIMAL APPROCHER...!

42

VOUS NE DEVRIEZ PAS AVOIR LE MOINDRE MOMENT DE RELÂCHEMENT...

LES PROIES DOIVENT TOUJOURS FAIRE PRELIVE DE LA PLUS GRANDE VIGILANCE...

... LORSQU'ELLES TENTENT D'ÉCHAPPER À LEUR PRÉDATEUR.

SWATCH

SHLUUUU

!

DÉSOLÉ, SASUKE...

•••

STAK

STAK

ZAM

... J'AI COMPLÈTEMENT OUBLIÉ LE MOT DE PASSE !

JE CROIS BIEN QUE...

ROM

48e ÉPISODE : LA CIBLE !

SUPER, NARUTO ! BIEN JOUÉ !!

NOUS NE SOMMES PAS DE TAILLE FACE À LUI !!

.. CE N'EST PAS LE MOMENT DE FAIRE L'IDIOT ! IL FAUT FUIR !!

NARUTO ! TU PENSAIS CERTAINEMENT FAIRE TON MALIN EN VENANT NOUS SAUVER, MAIS...

BRAVO, NARUTO.

OH... TU AS RÉUSSI À TE DÉFAIRE DE MON GROS REPTILE...

!

HMM... CE TYPE S'EST ENROULÉ AUTOUR DE L'ARBRE COMME UN VÉRITABLE SERPENT...

TOUT FINIT TOUJOURS PAR S'EMBROUILLER DAVANTAGE... À MOI DE FAIRE QUELQUE CHOSE...

QUAND NARUTO ARRIVE À LA RESCOUSSE...

KZZM

JE COMPRENDS...

C'EST LUI QUI A ENVOYÉ L'ÉNORME MONSTRE QUI M'A GOBÉ...

BON SANG... POUR ÉVITER DE NOUS FAIRE TUER TOUS LES TROIS...

ALORS, COMME ÇA, TU T'AMUSAIS À MALMENER MES PETITS CAMARADES, HEIN ?! FINI DE RIRE MAINTENANT !

AHAHAH !!!

FWUP

...IL NE RESTE QU'UN SEUL MOYEN.

C'EST NOTRE ROULEAU QUE TU VEUX ? LE VOILÀ !

...ET EN ÉCHANGE, TU DISPARAIS SANS NOUS FAIRE DE MAL.

TU LE PRENDS...

WHUP

!

LE SHARIN-GAN...

HEIN ?

!!

SMILE

QUOI ?!

QU'EST-CE QUI TE PREND DE VOULOIR DONNER NOTRE ROULEAU À L'ADVERSAIRE ?!

ÇA VA PAS, SASUKE ?! T'AS PERDU LA BOULE OU QUOI ?!

... C'EST QU'IL DAIGNE LA LAISSER TRANQUILLE APRÈS AVOIR EU CE QU'IL VOULAIT.

TOUT CE QU'UNE PROIE PEUT ESPÉRER DE SON PRÉDATEUR ...

ZWUUUP

TON INSTINCT TE GUIDE BIEN...

EXCELLENT.

PWOM

ATTRAPE !!!

STUP

FLUUP

FWASH

!!

ABRUTI !!
NE TE
MÊLE PAS
DE ÇA !!

TU NE
RÉALISES
PAS LA
GRAVITÉ
DE LA
SITUATION
!!!

SDAM

54

HAA HAA HAA HAA HAA

QU'EST-CE QUI T'ARRIVE TOUT À COUP ?!

STAP

STAP

... JE SUIS CERTAIN QUE TU N'ES PAS LE VRAI SASUKE !

!!

COMME J'AI OUBLIÉ CE FOUTU MOT DE PASSE...

... JE NE PEUX PAS LE VÉRIFIER, MAIS...

NARUTO... QU'EST-CE QUE...

MENTEUR..

BIEN SÛR QUE JE SUIS LE VRAI SASUKE !

ESPÈCE DE BOULET !!!

QUOI...?

TU AS TOUT À FAIT RAISON.

FWAP

LE ROU-LEAU...

SWUUTCH

... JE N'AURAI QU'À M'EN EMPARER UNE FOIS QUE JE VOUS AURAI TUÉS...!

SCRIP

DANS TES RÊVES !!

TADADA

DASH

KZIIM

PEUH !....

STAP

NARUTO ! NON !! NE FAIS PAS ÇA !!

"INCANTATION" !!!

BWOOOOOSHH

TU ME DÉÇOIS, SASUKE !!

À TON TOUR MAINTENANT, SASUKE !! MONTRE-MOI CE QUE TU SAIS FAIRE !!

HÉ HÉ... TRÈS INTÉRES- SANT...

SASUKE!!!

... ALORS, PAS DE BOBO...

...

!

....

KZUUM

... ESPÈCE DE TROUILLARD ?!

HAA

HAA

NARUTO

PRÉSENTATION DES ASSISTANTS DE MASASHI KISHIMOTO

Assistant N° 2 OSAMU KAJISA

FÉLICITATIONS POUR CE PREMIER
ANNIVERSAIRE DE PUBLICATION !
EN VOUS SOUHAITANT DE POUVOIR
CONTINUER À CE RYTHME PENDANT
ENCORE DEUX OU TROIS ANS. KAJISA

100. 11. 8

PROFIL

PORTE TOUJOURS DES LUNETTES, MAIS DEVIENT TERRIBLEMENT BEAU LORSQU'IL LES RETIRE POUR
METTRE DES LENTILLES DE CONTACT.
(DE TOUTE L'ÉQUIPE, C'EST LE SEUL QUI AURAIT UNE CHANCE DE DEVENIR ACTEUR)

S'ENDORT À LA VITESSE DE L'ÉCLAIR. (SANS RIRE : DEUX SECONDES LUI SUFFISENT)

AIME VOYAGER À L'ÉTRANGER. (A DÉJÀ VISITÉ PRAGUE ET LA CHINE)

LANCE DES VANNES QUI VOUS TRANSPERCENT COMME UNE AIGUILLE.

BALANCE DES REMARQUES AUSSI FROIDES QUE LA GLACE.

AIME LA NOUVEAUTÉ. (BEL ESPRIT DE CHALLENGE)

TRAVAIL : NOIRCISSAGES, TRAMES, DÉCORS, LIGNES DE MOUVEMENTS.
GRANDE HABILETÉ POUR LES VÉGÉTAUX.

49e ÉPISODE : LE POLTRON...!!

ON A UTILISÉ DU NINJUTSU POUR LEUR FAIRE ÇA...

TROIS CADAVRES...

1, 2, 3...

MISÈRE... PFF

L'EXAMEN A À PEINE COMMENCÉ ET LES ENNUIS SURVIENNENT DÉJÀ...

GRATT

GRATT

GLOUPS

C'EST PAS JOLI À VOIR.

BON... APRÈS CE PETIT EN-CAS...

... JE ME RENDRAI À LA TOUR POUR ACCUEILLIR LES PREMIERS VAINQUEURS.

AVEC DES DANGOS* RIEN NE VAUT UN VERRE DE SHIRUKO** ...

HUM ! JE L'AI TOUJOURS DIT...

SLUURP

*DANGO : BOULETTE FAITE AVEC DE LA FARINE DE RIZ.
**SHIRUKO : PURÉE LIQUIDE DE PETITS HARICOTS ROUGES SUCRÉS

ZAZAM

MAÎTRE ANKO ! C'EST TERRIBLE !!!

STCK

ET VOILÀ ! LE SYMBOLE DE KONOHA EST ACHEVÉ !

FWISH

... LES PLUS RAPIDES PUISSENT LE FINIR EN 24 HEURES.

LE PARCOURS A ÉTÉ ÉTUDIÉ POUR QUE...

ET IL Y A QUELQUE CHOSE D'ÉTRANGE !!!

SUIVEZ-MOI, VOUS VERREZ !

DES CADA-VRES ...?!

DES MORTS ! NOUS AVONS TROUVÉ TROIS CADAVRES !!!

PPAp PPAp

!

QUE SE PASSE-T-IL DONC ...?

QUELQUE CHOSE D'ÉTRANGE ...?!

GLOUPS

... IL SEMBLE QU'IL S'AGISSE D'UNE ÉQUIPE VENUE DU VILLAGE CACHÉ DE KUSA NO KUNI. ILS ÉTAIENT INSCRITS À L'EXAMEN, MAIS...

D'APRÈS LEURS ÉQUIPEMENTS ET LEURS FICHES D'IDENTITÉ...

... ILS N'ONT PLUS DE VISAGES.

TOUT EST LISSE, COMME S'ILS AVAIENT FONDU...

... COMME VOUS POUVEZ LE CONSTA-TER...

...

BRR BRRR

JE RECONNAIS CETTE TECHNIQUE... C'EST BIEN LA SIENNE, PAS DE DOUTE...

MAIS POURQUOI VIENT-IL SE MÊLER DE CET EXAMEN... ?

WHAM

MAIS ALORS, IL S'EST JOUÉ DE MOI...

VOICI LE VISAGE QU'IL A EMPRUNTÉ...

MONTREZ-MOI LES PHOTOS DE CES TROIS CANDIDATS !

TOUT DE SUITE ! TENEZ !

JE ME METS IMMÉDIATEMENT À LA RECHERCHE DES INTRUS !

ET ENVOYEZ DEUX ÉQUIPES D'ÉLITE ! QU'ELLES INSPECTENT LA "FORÊT DE LA MORT" DE FOND EN COMBLE !

COMMENT ?!

LA SITUATION EST CATASTRO-PHIQUE !

ALLEZ IMMÉDIA-TEMENT RAPPORTER TOUT CECI AU MAÎTRE HOKAGE !

NARUTO!!

... UN POLTRON DU GENRE À FLIPPER POUR SI PEU !!

LE SASUKE QUE JE CONNAIS N'EST PAS...

ESPÈCE DE TROUIL- LARD ?

PAS DE BOBO ...

!! GWAAA

SHLUUUP

HE ! LÂCHE- MOI !!

!!

!!

WHAAAA !!!

SASUKE!!!

HEIN ?! RECONNAIS-LE !!

... CE N'EST PAS UN FROUSSARD !!!

CE... C'EST VRAI QUE NARUTO N'EST PAS COMME TOI, IL EST MALADROIT...

... ET PEUT-ÊTRE QUE C'EST UN BOULET, MAIS EN TOUT CAS...

POUR TE CRAM-PON-NER À LA VIE...

FUIS ENCORE ET TOU-JOURS...

SURVIS À TOUT PRIX, MÊME DE VILE FAÇON...

MON STUPIDE FRÈRE...! SI TU VEUX VRAIMENT ME TUER, GARDE TA RANCUNE ! HAIS-MOI !

NON !!!

KZooorrm

SASUKE !!!

KSHAK
KSHAK

OH... LE SANG DE LA FAMILLE UCHIWA SE MET ENFIN À BOUILLONNER DANS SES VEINES...

ZOOOM

POF

JE VAIS POUVOIR PRENDRE LE TEMPS DE LE TESTER.

KSHLONG

UN MOULINET À TRIPLE TRANCHANT CONTRÔLÉ PAR LE POUVOIR DU SHARINGAN !!!

SHWUUU

!

...

ÇA A MARCHÉ !!!

KATON ! LE FEU DU DRAGON !!!

HUM !

HÉ HÉ... DOMMAGE...

IL M'A BLOQUÉ TOUTES LES ISSUES EN LANÇANT SUBREPTICEMENT SON ARME...

FWIP

FROoooooSH

!!

FROooOOOSH

SHOoOf

TU ES BIEN LE DIGNE HÉRITIER DE LA LIGNÉE UCHIWA...

UNE TELLE MAÎTRISE DES POUVOIRS DU SHARINGAN EN DÉPIT DE TON JEUNE ÂGE...

HAA HAA

JE TE VEUX...

SLLIP

ÇA NE FAIT QUE CONFIRMER CE QUE JE PENSAIS...

SWUU

J'AI VU DE QUOI TU ES CAPABLE, C'ÉTAIT TRÈS DISTRAYANT.

カッ TCHAC

SASUKE...

STAP

GASH

FWUP

TU N'AS RIEN À ENVIER À TON FRÈRE...

JE VOIS DANS TES YEUX UN POUVOIR ENCORE PLUS GRAND QUE CELUI D'ITACHI.

HUNG... UN SORT DE PÉTRIFICATION ! IMPOSSIBLE DE BOUGER

GASH

カッ

MAIS QUI ES-TU À LA FIN ?!

!!

AH !!
LE ROULEAU !

... DONNE-TOI
À FOND POUR
PASSER CET
EXAMEN...

BVOOF

ボウ

JE M'APPELLE
OROCHIMARU.

SI TU
SOUHAITES
ME REVOIR...

POURTANT,
IL LE
FAUDRA
BIEN...

SWP

ON NE
VEUT PLUS
JAMAIS
REVOIR
TA SALE
TÊTE !

QU...
QU'EST-CE
QU'IL
RACONTE !

IL TE FAUDRA
VAINCRE
MES TROIS
SUBORDONNÉS :
L'ÉQUIPE D'OTO
NO KUNI.

!!

!!

KWAASH

ZWOOOSH!

TU VIENDRAS À LA RECHERCHE DE POUVOIR...

TU VIENDRAS ME TROUVER, SASUKE...

AH !

HNNG... CE... CETTE DOULEUR SOUDAINE... QU'EST-CE QUI M'ARRIVE...?

DJWAAAASH

UN SIMPLE PETIT CADEAU AVANT DE LE QUITTER...

HE ! QU'AS-TU FAIT À SASUKE ?!

SASUKE !!!

?!

UUH...

KZUUM

GWAAAAAAARRRGHH!!!

TIENS BON!!

UUUNGH!!

TIENS BON, SASUKE!!

...

SA... SASUKE...?!

ザ ッ ッ ZAM

KVIISH

LE TEMPS JOUE CONTRE MOI !!!

JE DOIS VITE LE RETROUVER AVANT QU'IL NE FASSE COMPLÈTEMENT SOMBRE !!

LA NUIT VA BIENTÔT TOMBER !!!

QUEL EST SON OBJECTIF ?!

MAIS...

... QUE VIENT-IL FAIRE ICI ET MAINTENANT ?!

92

... S'IL EST VENU JUSQU'ICI, IL FAUT EN FINIR POUR DE BON !

ENFIN, QUOI QU'IL EN SOIT ...

ZA ZAM

MÊME SI J'Y LAISSE LA VIE, JE DOIS T'ARRÊTER...

OU ALORS, SI JE N'Y PARVIENS PAS ...

À PRÉSENT, TU ES UN INDIVIDU EXTRÊMEMENT DANGEREUX, CLASSÉ "NIVEAU S"...

STAP

STAP

J'ÉTAIS TA DISCIPLE ...

POURTANT, C'EST TOI QUI M'AS TOUT APPRIS...

JUSQU'À L'ARRIVÉE DES TROUPES D'ÉLITE,

... JE DOIS AU MOINS TE RETENIR

STAP

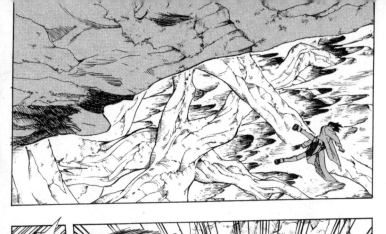

SHWWW

ミス

SHIP

ポ
ロ
ッ

STAP スタッ BLOM: ×!

SNAP!!

97

SLASH

SI TU N'Y VOIS PAS D'INCON-VÉNIENT, JE T'EMPRUNTE TA MAIN GAUCHE.

FWAP !!

VOILÀ ! JE TE TIENS !

ET OUI... NOUS ALLONS MOURIR ICI, ENSEMBLE.

CE SIGNE...!

FWAP

JE TE TROUVE BIEN FROIDE POUR NOS RETROUVAILLES, ANKO...

NOUS SOMMES RESTÉS SI LONGTEMPS SANS NOUS VOIR...

JE VOULAIS SIMPLEMENT METTRE MA MARQUE SUR UN ÉLÉMENT REMARQUABLE DE CE VILLAGE...

MAIS NON, MAIS NON ! JE N'AI PAS ENCORE SUFFISAMMENT DE SUBORDONNÉS POUR ÇA...

PEUH !

NE ME DIS PAS QUE TU ES VENU ASSASSINER LE MAÎTRE HOKAGE ?

HNNG...

GNUUP

HUNG HUUNG

JE VIENS TOUT JUSTE DE LUI APPOSER LA MÊME MARQUE MAUDITE QUE LA TIENNE.

100

IL N'A QU'UNE CHANCE SUR DIX DE SURVIVRE.

... ET SURVIVRA-T-IL ?

MAIS PEUT-ÊTRE SERA-T-IL COMME TOI...

ABSOLU-MENT...

HUNG

SEULEMENT, IL RISQUE DE MOURIR...

IL ME FAUT CE GARÇON, VOIS-TU...

TU M'EN VEUX ENCORE DE T'AVOIR JETÉE, APRÈS M'ÊTRE SERVI DE TOI ? AHAH...

SERAIS-TU JALOUSE...?

...

IL DOIT DRÔLEMENT TE PLAIRE, CE GARÇON...

IL A LA TREMPE POUR DEVENIR MON SUCCESSEUR...

IL A MÊME UN PHYSIQUE RAVAGEUR...

CONTRAI-REMENT À TOI, CE GARÇON SEMBLE ÊTRE UN EXCELLENT ÉLÉMENT.

HUNG...

C'EST NORMAL APRÈS TOUT : LE SANG DE LA LIGNÉE UCHIWA COULE DANS SES VEINES...

...

SURTOUT, N'INTER-ROMPS PAS CET EXAMEN.

Si L'AUTRE EST TOUJOURS VIVANT...

HMF

... NOUS POURRONS NOUS AMUSER.

GNNUP GNUP

... DIS-TOI BIEN QUE LE VILLAGE DE KONOHA PÉRIRA !

Si JAMAIS TU INTERROMPS MON PLAISIR...

POF

JE ME FAIS UNE JOIE DE VOIR ÇA...

TROIS JEUNES ÉLÉMENTS DE CHEZ MOI Y PARTICIPENT AUSSI...

SWUP!

HAA

HAA

LE JOUR NE VA PAS TARDER À SE LEVER.

NOUS AVONS MIS LA JOURNÉE D'HIER À PROFIT POUR NOUS APPROVISIONNER EN VIVRES ET EN EAU.

GRUNSH GRUNSH

NOUS ALLONS NOUS SÉPARER...

... ET PARTIR EN TOURNÉE D'INSPECTION DE 30 MINUTES.

MAIS QUE L'ON DÉCOUVRE UNE ÉQUIPE ADVERSE OU NON...

C'EST LE MOMENT D'AGIR, COMME NOUS L'AVIONS PRÉVU.

À L'HEURE QU'IL EST, LA PLUPART DES AUTRES ÉQUIPES SONT AU REPOS.

WAP H!!

ROGER !!

OK !

COMPRIS?

... RENDEZ-VOUS ICI.

SWAP

SWAP

SWAP

DISPERSION!!!

PARFAIT-

UUH...

MAIS IL A ENCORE BEAUCOUP DE FIÈVRE...

SA RESPIRATION COMMENCE À REPRENDRE UN RYTHME NORMAL...

HNNG...

C'EST MON TOUR...

HE HE... LES VOILÀ.

KZIIM

C'EST À MOI DE LES PRO-TÉGER...

C'EST À MOI...

MAIS SI LES DEUX AUTRES SE METTENT EN TRAVERS, ON PEUT QUAND MÊME LES TUER ?

NOUS PASSERONS À L'ACTION DÈS L'AUBE, COMME NOUS L'A ORDONNÉ OROCHIMARU.

BIEN SÛR.

N'OUBLIEZ PAS : NOTRE CIBLE EST CE SASUKE UCHIWA !

NARUTO

ナルト

FÉLICITATIONS
POUR CE PREMIER
ANNIVERSAIRE DE
PUBLICATION !
COURAGE POUR LA
SUITE, MAIS GARE
AU SURMENAGE !

00. 11. 8 池本幹雄
IKEMOTO MIKIO

PROFIL

GRAND MANGEUR DE GÂTEAUX EN TOUS GENRES.

NE PASSE PAS UNE JOURNÉE SANS MANGER DE NATTÔ*.

*NATTÔ : soja étuvé et fermenté, accompagne souvent le riz au petit déjeuner

SPÉCIALISTE DU CAFÉ.
(AU BOULOT, C'EST LUI QUI S'OCCUPE DE LA CAFETIÈRE)

HABILE DE SES MAINS.
BIEN HABILLÉ.
IL EST LE PLUS GRAND DE TOUTE L'ÉQUIPE.
IL EST AUSSI LE PLUS JEUNE.
JE L'ENVIE !

TRAVAIL : FOULES, DÉCORS, BLANCS, DÉGRADÉS.

* VOEUX DE RÉUSSITE AUX EXAMENS

51e ÉPISODE :

LE FAUVE RESPLENDISSANT... !!

POF トン…

グッ GNUUP!

BLOUB
じょろ

BLOUB
じょろ

FWIP フリ フリ FWIP

GLUP ゴクッ…

VOICI DÉJÀ QUE LE JOUR SE LÈVE...!

AH!!!

IL NE FAUT PAS DORMIR...

...

SWAP

‼

KRAK

GLOUPS!

KZUUM

KZUUM
KZUUM

GLA

GLA

KZUUM

UN
ÉCUREUIL
?

!

CHOM

チョコン...

fwyoop

ヒョコ

QU'EST-CE
QUE TU VEUX ?
ÇA NE VA PAS, DE
ME FAIRE PEUR
COMME ÇA...?

fwyoop

ヒョコ

fwyoop

ヒョコ

fwyoop

FWUUSH

TCHAC
カチ

AH !

PFYUUU...
QUELLE
FRAYEUR...

ピョコン
fwyoop

ピョコン
fwyoop

!!

STAK

ELLE EST SUR LES NERFS.

TU CROIS QU'ELLE S'EST APERÇUE DE L'INSCRIPTION SUR LE DOS DE L'ÉCUREUIL ?

NON...

CE N'EST PAS ÇA...

BIEN...

IL EST TEMPS DE PASSER À L'ACTION !

FRUSH

ガザ

NOUS LE DÉCOUVRIRONS BIEN EN NOUS APPROCHANT DAVANTAGE...

...?

BEN ALORS, QU'EST-CE QUI SE PASSE, DOSU ?

ドォォォ

TADADADA

MAIS SI J'EN RATE, NE SERAIT-CE QU'UNE SEULE...

~ ÇA VOUDRA DIRE QUE SAKURA VA TOMBER AMOUREUSE DE MOI !!

SI JE LES ATTRAPE TOUTES AVANT QU'ELLES NE TOUCHENT LE SOL...

20 FEUILLES ~

~ MA FLAMME NE SERA JAMAIS RÉCOMPENSÉE...

ELLE ME TRAITERA DE "GROS SOURCILS" POUR LE RESTANT DE MES JOURS...

FROOOSH

PASH

YAAHAA!!!

BWAASH

PASH

PASH

PASH

ET OUI ! LEE A CETTE MANIE DE S'AUTO-LANCER DES DÉFIS FARFELUS, N'IMPORTE OÙ ET N'IMPORTE QUAND.

PASH

PASH

PASH

FRUTCH KIITT!!!

OUF... JUSTE À TEMPS !

UN PAPIER PORTANT UNE INSCRIPTION EXPLOSIVE ET PROGRAMMÉE POUR S'ENFLAMMER AU BOUT D'UN CERTAIN TEMPS. TU AS EU CHAUD.

モン PSSHHH

モン PSSHHH

QUI A BIEN PU TE FAIRE UNE CHOSE SI CRUELLE...

!

グシャ KSHAAM

グッ ツ KWSSH

WHUP スウ

ZUT ! ON S'ÉTAIT POURTANT BIEN CACHÉS !

JE SAIS QUE VOUS ÊTES ICI, MONTREZ-VOUS.

BOm

ドキ

BOm

ドキ

BOm

ドキ

FRSSH

ガサッ

ガサッ

FRSSH

JE PEUX AVOIR UN AUTO-GRAPHE ?

STAP

NOUS N'AVONS PLUS LE CHOIX : IL FAUT PASSER AU PLAN 2 !

LE PLAN "PLANQUONS-NOUS EN ATTENDANT QUE ÇA SE PASSE" A ÉCHOUÉ !!

QUI ÊTES-VOUS, TOUS LES TROIS...?

AH ? ÇA ALORS, QUELLE SURPRISE ! NEJI HYÛGA, LE MEILLEUR ASPIRANT DE L'ANNÉE DERNIÈRE !

GALÈRE... J'SAVAIS BIEN QUE C'ÉTAIT PAS UNE BONNE IDÉE DE SE CACHER...

パァァ FLAAAAASH

TU SAIS, J'AI TOUJOURS RÊVÉ...

... DE TE RENCONTRER !!!

CHAUD DEVANT !

PLUS NULLARDS QUE NOUS, ÇA M'ÉTONNERAIT QU'ON TROUVE...

AHAHAHAH

BON ! PARTONS À LA RECHERCHE D'UNE ÉQUIPE DE NULLARDS !

WHIP

HA HA HA HA HA HA

BASH !

UUUT UUUT...

!! WAP

CES TYPES !!

BOBOM

!!

GLUPS

HÉ HÉ... ALORS, ON MONTE LA GARDE SANS DORMIR ?

?! ?! ?!

ET VOUS VOUDRIEZ VOUS BATTRE CONTRE LUI ?!

REGARDEZ DANS QUEL ÉTAT OROCHIMARU L'A MIS !

ET QUELLE EST CETTE MARQUE ÉTRANGE QUI EST APPARUE SUR LE COU DE SASUKE ?!

TOUJOURS EST-IL QU'APRÈS CE QU'ON VIENT D'ENTENDRE, ON NE PEUT PAS RESTER SANS RIEN FAIRE...

JE ME CHARGE DE CETTE FILLE ET DE CE SASUKE...

...?

J'IGNORE L'IDÉE QU'OROCHIMARU A DERRIÈRE LA TÊTE...

BON-

...

120

ATTENDS, ZAKU !

HMM ? QU'EST-CE QU'IL Y A ENCORE ?

...

DES CAILLOUX EN DÉSORDRE ET DE LA TERRE FRAÎCHEMENT RETOURNÉE...

ET PUIS CETTE HERBE QUI NORMALEMENT NE POUSSE PAS DANS LE COIN...

STAP
スタ スタ STAP

SYUP

ÇA SENT LE TRAQUE-NARD...

...

KZUUM ドリ

... MAIS ÇA N'A AUCUN SENS, SI ON PEUT LA REPÉRER DU PREMIER COUP D'ŒIL.

CONSTRUIRE UNE CHAUSSE-TRAPE, C'EST BIEN...

ギュ

ズ ゆ ...!!

LE KUNAI QU'ELLE A TIRÉ TOUT À L'HEURE, C'ÉTAIT DONC POUR FAIRE FUIR L'ÉCUREUIL AVANT QU'IL NE TOMBE DANS LE PIÈGE...

TSS... RIDICULE...

FULIP ツッ

TUONS-LA TOUT DE SUITE !

BON, ON N'A PAS BESOIN DE CETTE FILLE.

FULIP ツッ

ZAM

SLAP

ZAM

ZAM

!!

KRAASP バキ バキ バキ

KRAASP KRAASP

ON EST MAL !!

ELLE AVAIT AUSSI PIÉGÉ LA VOIE DES AIRS !

UN TRONC D'ARBRE ?!

52e ÉPISODE :
LA CONDITION D'UTILISATION !!

JE SERAI TOUJOURS PRÊT À VOLER À TON SECOURS EN CAS DE DANGER.

QUE... QU'EST-CE QUE TU FAIS ICI...?

JE...

FWIP

ALLEZ, SAUVE-TOI.

ENFIN... C'EST GRÂCE À TOI, MON PETIT.

スッ… SWLIP…

HHッ ZAM

…

…

HEIN…?

…

JE TE L'AI DÉJÀ DIT.

FWAM…

スッ…

EN TOUS CAS, JE TE REMERCIE… TU M'AS SAUVÉ LA VIE !

JE TE PROTÉGERAI JUSQU'À LA FIN DE MES JOURS.

DANS LA POCHE !! VOUS POUVEZ ÊTRE FIER DE MOI, MAÎTRE GAÏ !!

LA RÉPLIQUE QUI TUE ! C'EST DANS LA POCHE !

...

YES !

ガッ ガッ

JE TE PROTÉGERAI JUSQU'À LA FIN DE MES JOURS !!

K'SHIIING

...!!!

ZAKU... JE TE LAISSE SASUKE.

BON...

SWLP

スッ

ザッ

FWAP

WOP

ELLE N'EST PAS EN ÉTAT DE SE BATTRE.

APPA- REMMENT, SAKURA EST TRÈS FATIGUÉE...

SUP

SCRUTT

JE M'OCCUPE DE CELLI- LÀ !

SNAP

ZAM

GROS SOURCILS A L'AIR D'ÊTRE UN SPÉCIALISTE DU TAIJUTSU...

JE VAIS POUVOIR M'AMUSER UN PEU !

SCRIIISH

HUM...

...

IL EST TRÈS FORT...

WOW!

!!

PAS QUESTION DE LES PARER DE PLEIN FOUET !

SURTOUT QUE J'AI DÉJÀ EU L'OCCASION DE TE VOIR À L'ŒUVRE...

TES ATTAQUES CACHENT UNE TECHNIQUE PARTICULIÈRE, PAS VRAI ?

ÇA VA ÊTRE LE TOUT POUR LE TOUT...

JE VAIS DEVOIR LES ÉCRASER L'UN APRÈS L'AUTRE !!

LE PROBLÈME, C'EST QU'À UN CONTRE TROIS, MES CHANCES SONT RÉDUITES.

FRSCHH

PAS MOYEN DE TROUVER UNE ÉQUIPE DE NULS !

AH LA LA !

TT'' TT'' FRSCHH

MAIS TU OUBLIES QUE SASUKE EST AVEC EUX !!

C'EST VRAI QUE NARUTO ET SAKURA SONT NAZES !

NE DIS PAS N'IMPORTE QUOI, CRÉTIN !!

... Y A QUE L'ÉQUIPE DE NARUTO QUI EST PLUS NULLE QUE LA NÔTRE.

BEN... EN FAIT...

...

HYOP

BEN QUOI ?

!!

ギロ!! SCRUTT!!

D'ACCORD, D'ACCORD, DÉSOLÉ ! JE DISAIS PAS ÇA POUR T'ÉNERVER.

MOUAIS... JE SUIS PAS CONVAINCU...

DÉCIDÉMENT, CELLE-LÀ... DÈS QU'ON DIT UN MOT SUR SASUKE, ELLE SE MET DANS UNE DE CES COLÈRES...

C'EST UN PETIT GÉNIE, MAIS PEUT-ÊTRE BIEN QU'IL N'EST PAS SI FORT AU COMBAT, APRÈS TOUT.

... ET SAKURA EST EN TRAIN DE SE BATTRE.

!!

SCRUTT!!

ギロ!!

AH ! SASUKE EST ÉTENDU PAR TERRE !

SAKURA, JE NE DIS PAS !

PERSONNE NE PEUT VENIR À BOUT DE SASUKE, C'EST COMPRIS ?!

QUOI?!

?!

...

GRR イラ

GRR イラ

LEE EST EN RETARD...

POURVU QUE...

C'EST BIZARRE... IL EST TOUJOURS PONCTUEL D'HABITUDE...

PEUT-ÊTRE A-T-IL RENCONTRÉ UNE ÉQUIPE ADVERSE...?

OUI !

ZAM ZAM

ALLEZ ! PARTONS À SA RECHERCHE !

NON, C'EST TRÈS PEU PROBABLE.

ÇA Y
EST !

JE MAÎTRISE
ENFIN CETTE
TECHNIQUE
!!!

HAA
HAA
HAA

GÉNIAL!!!

HAA
HAA

NE
T'EXCITE
PAS
TROP.

FWAP

... LEE EST
LE SEUL À
AVOIR RÉUSSI
À MAÎTRISER
CETTE
TECHNIQUE.

EN
FIN DE
COMP-
TE...

KSS !

QUOI ? ?!

C'EST UNE TECHNIQUE DE PROJECTION.

ELLE EST TRÈS ÉPROUVANTE POUR LES FIBRES MUSCULAIRES DU CORPS.

QU... QU'EST-CE QUE ÇA VEUT DIRE ?

!!

IL N'EN UTILISE MÊME PAS 20 %.

HABITUELLEMENT, L'HOMME N'EXPLOITE PAS L'INTÉGRALITÉ DE SES CAPACITÉS MUSCULAIRES.

TOUTEFOIS, LA PRATIQUE DE CETTE TECHNIQUE EST EXTRÊMEMENT DANGEREUSE CAR ELLE POUSSE LE CORPS DANS SES DERNIÈRES EXTRÉMITÉS.

LE PRINCIPE GÉNÉRAL EST DE LIBÉRER TOUTE L'ÉNERGIE MUSCULAIRE POUR RÉALISER UN ENCHAÎNEMENT EXTRÊMEMENT RAPIDE D'ATTAQUES DE TYPE TAIJUTSU.

LA TECHNIQUE QUE TU VIENS D'APPRENDRE PERMET DE DÉJOUER CES LIMITES IMPOSÉES PAR L'INCONSCIENT, GRÂCE À L'USAGE DU CHAKRA.

AUSSI, LORSQUE L'ON DÉPLOIE SA PUISSANCE À 100 %, LES MUSCLES RISQUENT DE SE DÉCHIRER... C'EST POURQUOI, EN TEMPS NORMAL, LE CERVEAU RESTREINT LES CAPACITÉS DU CORPS.

VOILÀ POURQUOI J'EXIGE QUE TU NE L'UTILISES...
... QU'À UNE SEULE CONDITION.
ZAM
...
ET... QUELLE EST CETTE CONDITION, MAÎTRE ?
ÉCOUTE-MOI BIEN ET TÂCHE DE NE JAMAIS OUBLIER...
TU NE PEUX UTILISER CETTE TECHNIQUE QUE POUR...
MAÎTRE GAÏ... L'HEURE EST VENUE D'Y AVOIR RECOURS.
L'HEURE EST VENUE DE...
HAA
!
HAA
ZAM
PEUH !!!

...PROTÉGER UN ÊTRE CHER !!

SDAA

!!

SWIIP

IL A DISPARU !!!

!!

FWISH

SBAAAM H!!! ZWASH

LA SENSATION DU CHOC ÉTAIT BIZARRE...

!!

...?!

STAP

... MAIS J'AI PU INTERVENIR À TEMPS...

C'ÉTAIT LIMITE...

144

PROFIL

OBSÉDÉ.

GROS BAVARD.

DIGNE REPRÉSENTANT DE L'HUMOUR DE LA RÉGION DU KANSAI.
(SON FRÈRE AÎNÉ EST AUSSI UN GRAND COMIQUE. IL M'A JOUÉ DEUX FARCES MÉMORABLES)

AMATEUR DE MUSIQUE OCCIDENTALE.

GRAND ENFANT QUI FRÉQUENTE RÉGULIÈREMENT TOYS'R US

LE CHAUFFEUR D'AMBIANCE DE L'ÉQUIPE.
(GRÂCE À LUI, L'AMBIANCE EST TOUJOURS À LA BONNE HUMEUR)

TRAVAIL : POLYVALENT, IL PEUT TOUT FAIRE.

59e ÉPISODE :
LA DÉTERMINATION DE SAKURA !!

LEE !!

MON OREILLE...

GRÂCE À CE PETIT SYSTÈME...

... TU PEUX TOUJOURS ESQUIVER MES COUPS...

... MAIS ÇA NE T'EMPÊCHERA PAS DE DÉGUSTER !

COM-MENT EST-CE POSSIBLE ?!

HÉ HÉ HÉ...

TU AS ÉVITÉ MON POING, MAIS LA DÉFLAGRATION SONORE T'A FRAPPÉ DE PLEIN FOUET.

C'EST LA "PUISSANCE DU SON" !

AVANT TOUT, SAVEZ-VOUS...

...CE QU'EST LE SON ?

LE SON ?!

.. !!

GOUIG 71

C'EST GRÂCE À VOS TYMPANS QUI CAPTENT LES VIBRATIONS DE L'AIR.

EXCELLENTE RÉPONSE.

SI VOUS POUVEZ ENTENDRE LES SONS...

...!

DES VIBRATIONS...

150

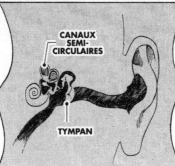

ET LORSQUE, EN PLUS, LES CANAUX SEMI-CIRCULAIRES SONT TOUCHÉS...

... ON PERD TOTALEMENT SON SENS DE L'ÉQUILIBRE.

CANAUX SEMI-CIRCULAIRES

TYMPAN

OR, LE TYMPAN DE L'ÊTRE HUMAIN...

... SE DÉCHIRE AU-DELÀ DE 150 DÉCIBELS.

... SONT CARRÉMENT INEFFICACES CONTRE NOUS !

AUTANT DIRE QUE TES VIEILLES MÉTHODES DE TAIJUTSU ...

HÉ HÉ HÉ... APRÈS CE QUE TU VIENS D'ENCAISSER...

... TU NE POURRAS PAS TE MOUVOIR CORRECTEMENT PENDANT UN CERTAIN TEMPS.

J'AI MÊME DÛ DÉVOILER UNE DE MES TECHNIQUES.

MAIS LA PLAISANTERIE A ASSEZ DURÉ.

C'EST DOMMAGE, TU ÉTAIS BIEN PARTI.

SVOT

ズボ

ズボ

SVOT

キッ

KZZM

JE CONTRÔLE À MA GUISE LES ONDES SUPERSONIQUES ET LA PRESSION DE L'AIR... MES POUVOIRS ME PERMETTENT DE PULVÉRISER LA ROCHE.

MES TECHNIQUES SURPASSENT DE LOIN LES TIENNES.

SHUUU

INSUFFLER DE L'AIR DANS LE SOL POUR LE TRANSFORMER EN COUSSIN EST UN VRAI JEU D'ENFANT POUR MOI.

SHUUU

ZOM

MALHEUR !

EN TOUT CAS, TU AS FAIS FORT POUR MAÎTRISER SI VITE CETTE TECHNIQUE, PETIT CHENAPAN !

TSUN

... PROTÉGER UN ÊTRE CHER.

TU NE PEUX UTILISER CETTE TECHNIQUE QUE POUR...

POUR PROTÉGER UN ÊTRE CHER... ?

!

PCM

ON DIRAIT QUE SASUKE ET NARUTO SONT ÉVANOUIS...

ALLEZ, FUYONS !

VOUS AVEZ VU LES BRUTES QUE C'EST !

VOUS ÉTIEZ POURTANT COPINES DANS LE TEMPS, NON ?

SAKURA EST EN DANGER ! TU NE FAIS RIEN POUR L'AIDER ?

QU'EST-CE QU'ON FAIT, INO ?

BAH...

MÊME LEE S'EST FAIT ÉCLATER. IL NE RESTE PLUS QUE SAKURA...

QUOI ?

DIS-MOI FRANCHE-MENT, INO...

QU'EST-CE QUI T'ARRIVE, SAKURA ? TU M'AS L'AIR BIEN TENDUE...

DIS DONC...

!

HEIN ? DOM

IL PARAÎT QUE TOI AUSSI, TU ES AMOUREUSE DE SASUKE...

POURQUOI EST-CE QUE JE ME SOUVIENS DE CETTE SCÈNE !

ALORS ! QU'EST-CE QU'ON FAIT, INO ?!

ALORS, DORÉNAVANT NOUS SOMMES...

RIVALES...

... JE PEUX ME BATTRE !!!

MOI AUSSI...

GLAC

TOUT CE QUE JE GAGNERAIS À ME MONTRER, C'EST DE ME FAIRE TUER MOI AUSSI ?

GLAC

...!!

.....!

ON NE VA QUAND MÊME PAS SE JETER DANS LE TAS !

JE SAIS BIEN QU'ELLE EST EN DANGER, MAIS QU'EST-CE QU'ON Y PEUT !

ATÉ !!!

TU FERAIS MIEUX DE T'ENTRAÎNER DAVANTAGE, AU LIEU DE PERDRE TON TEMPS À TE SHAMPOUINER, SALE PETITE TRUIE !

MAIS UN SHINOBI N'A QUE FAIRE DE TELS ATTRAITS.

JOLIS CHEVEUX, PLUS LISSES QUE LES MIENS...

GNUP

ALORS...

ZAKU... TUE DONC CE SASUKE...

OH ! BONNE IDÉE !

QU'...ELLE N'OUBLIERA PAS DE SI TÔT !

C'EST UN SPECTACLE...

... DEVANT LES YEUX DE CETTE POULETTE.

!!

GNN...

SA... SAKURA...

BOUGE PAS !

JE... JE NE PEUX PAS LES LAISSER FAIRE ÇA...

JE NE PEUX PAS BOUGER...

GNUP

...

HUNG !!!

SGRIIP

ENCORE UNE FOIS...

...QU'UN FARDEAU INUTILE !!!

...JE NE SUIS

J'ENRAGE...

À CHAQUE FOIS, CE SONT LES AUTRES QUI ME PROTÈGENT...

ALLONS-Y.

BON.

...À PROTÉGER CEUX QUI ME SONT CHERS...

GNUP

J'ÉTAIS SI DÉTERMINÉE...

DIRE QUE CETTE FOIS... J'ÉTAIS DÉTERMINÉE...

QU... QUE FAIRE ?!

!!

WOW ! SASUKE ET NARUTO VONT Y PASSER !

HE HE HE !

TAP

QU'EST-CE QUE TU RACONTES ?

SMILE

SHWUP

QU'EST-CE QUE TU T'IMAGINES POUVOIR FAIRE CONTRE MOI AVEC CETTE ARME ?

QUOI?!

164

SLASH

54e ÉPISODE: SAKURA ET INO

..ÊTRE UN VRAI NINJA..

JE PENSE TOU- JOURS ..

ET JE TRAITE TOUJOURS NARUTO COMME UN IMBÉCILE..

JE PRÉTENDS ÊTRE AMOUREUSE DE SASUKE ..

..JE MARCHE TOUJOURS DERRIÈRE EUX..

POURTANT...

... ILS SE SONT TOUJOURS BATTUS EN ME PROTÉGEANT,

ET MALGRÉ ÇA...

JE CROIS QUE TU M'AS DONNÉ UNE BELLE LEÇON...

... ET, TU T'ES MIS DEVANT MOI POUR ME DÉFENDRE, AU PÉRIL DE TA VIE.

ET TOI, LEE... TU AS DIT QUE TU M'AIMAIS...

UUH--

CETTE FOIS...

GNUP

MOI AUSSI, JE VEUX DEVENIR COMME VOUS

SI ELLE CROIT POUVOIR S'EN TIRER AVEC CES TECHNIQUES DE DÉBUTANT, ELLE SE MET LE DOIGT DANS L'OEIL...

À DROITE...

SWUP

UNE TECHNIQUE DE PERMUTATION !!!

POF

ELLE FONCE DROIT SUR MOI ! QUELLE IDIOTE !

KIN ! ÉLOIGNE-TOI !

ZAP

ZAP

ZAP

SHWUUUP

PRESSION DE L'AIR : 100 % ! ONDES SONORES : 0 % EN AVANT !

PEINE PERDUE !!!

SWUP

OUiiiiiiN...
OUiiiiiiN...

BAM BAM

GNiii

BASH

SAKURA~

JE M'APPELLE iNO YAMANAKA. ET TOi ?

SAKURA... SAKURA HARUNO...

Sniiif ...!

GLOUPS...

!

Sniiif

Qui... Qui TU ES, TOi ?

C'EST PARCE QUE TOUT LE MONDE SE MOQUE DE TON FRONT QUE TU PLEURES COMME ÇA ?

TU ESSAIES DE LE CACHER DERRIÈRE CES MÈCHES TOMBANTES.

TU RESSEMBLES À UN SPECTRE AVEC ÇA.

FWiP

UH... UH...

PAS ÉTONNANT QU'ON TE SURNOMME "GROS-FRONT"...

C'EST VRAI QUE TU AS LE FRONT LARGE !

ET BEN !

Tsun

FWiP

HEIN ?

TU SAIS QUOI, SAKURA ? JE TE DONNE RENDEZ-VOUS ICI, DEMAIN !

J'APPORTERAI QUELQUE CHOSE QUI DEVRAIT TE PLAIRE !

STAP

!

ET VOILÀ ! TU ES BEAUCOUP PLUS MIGNONNE COMME ÇA !

CE RUBAN TE VA TRÈS BIEN, JE TE L'OFFRE.

LÂCHE-MOI, JE TE DIS !

BASH

BASH

GNNN

TU ES UNE JOLIE FILLE, SAKURA ! TU N'AS PAS À TE CACHER ! IMPOSE-TOI !

INO-

C'EST PARCE QUE TU ESSAIES DE LE DISSIMULER QUE TOUT LE MONDE SE MOQUE DE TOI !

MAIS QUOI ?

M... MERCI, MAIS...

AVEC ÇA, MON FRONT...

SWIP

スッ・

BON...
BON-
JOUR
...

ALLEZ,
SAKURA !
PRÉSENTE-
TOI !

ELLE
S'APPELLE
SAKURA.

OH !
C'EST QUI
TA COPINE,
INO ?

BAM

DEVINEZ
DE QUI !

VOUS SAVEZ
QUOI ?
JE SUIS
AMOUREUSE
!!!

SDAM

バキドカ

COMMENT
TU AS
DEVINÉ ?

AH...

NE ME DIS
PAS QUE
C'EST DE
SASUKE ?

C'EST BON,
ABRÈGE LE
SUSPENS !

ELLE NE SE SENT PLUS, OUI !

PEUH!!!

DIS DONC, INO... TU NE TROUVES PAS QUE SAKURA A LA PÊCHE, CES TEMPS-CI ?

QU'EST-CE QUE TU RACONTES ! SASUKE A UNE COTE D'ENFER, TOUTES LES FILLES SONT AMOUREUSES DE LUI !

BEN OUI ! JUSTE-MENT !

...

SAKURA...

INO... IL PARAÎT QUE, TOI AUSSI, TU ES AMOUREUSE DE SASUKE ...?

INO ! IL PARAÎT QUE SASUKE PRÉFÈRE LES FILLES AUX CHEVEUX LONGS... ALORS...

DORÉNAVANT, NOUS SOMMES RIVALES.

HEIN ?!

PEUH !
JE VAIS
T'APPRENDRE
QUELQUE
CHOSE, MA
VIEILLE...

JE SUIS
DANS
L'ÉQUIPE DE
SASUKE !

ET
ALORS ?
ÇA TE
POSE UN
PROBLÈME
?!

GRRR

バチ クル

バチ

KZIIIM

KZIIIM

TES
CHEVEUX
ONT
DRÔLEMENT
POUSSÉ...

...iNO...

MOI
NON
PLUS,
SAKURA
...

JE NE TE
LE CÉDERAI EN
RIEN, EN QUELQUE
DOMAINE QUE
CE SOIT !

C'EST
FINI...

JE NE
PERDRAI
PLUS,
FACE À
TOI...

SDAM

SDAM

ドカ

ドカ

じわぁ‥
Djwaa...

BLAAM

SDOM

ズッ!!

ドカ

UH... UUH...

WASH

SALE
MORVEUSE !!

HA

HA

HUNK

JE DOIS
LE FAIRE...
JE DOIS
PROTÉGER
LES
AUTRES...

WOW...
ÇA VA
MAL...

HÉ...!
iNO...!

Et si
nous prenions
un nouveau
départ...

Blue
Spring Ride

IO SAKISAKA

kana

Série terminée en 13 tomes !

Vampires,
ma soif de vengeance
est bien plus forte
que votre soif de sang!

La règle du jeu est simple :
survivre !

LE SANG DES DÉMONS COULE DANS SES VEINES

Série finie en 25 tomes

Shonen Kana

www.kana.fr

Bienvenue dans les coulisses du manga !

UN SHONEN D'HÉROÏC FANTASY !

Dans des territoires peuplés de monstres-insectes
et plongés dans une nuit éternelle vivent et travaillent,
au péril de leur vie, des agents postaux très spéciaux :
les Letter Bees !

Le jeune Lag porte sur lui un bon de livraison :
Lag est le premier colis que Gauche, le Letter Bee,
doit livrer ! L'aventure ne fait que commencer !!

www.kana.fr   SHONEN – Série finie en 20 tomes

TEGAMIBACHI © 2006 by Hiroyuki Asada/SHUEISHA Inc., Tokyo

MON HISTOIRE

Dessin :
Aruko
アルコ

Scénario :
Kazune Kawahara
河原和音

*Il n'avait rien
pour plaire,
et pourtant...*

Série finie
en 13 tomes.

kana

www.kana.fr

ASSASSINATION CLASSROOM

LA CLASSE QUI TUE !

ASSASSINATION CLASSROOM

YŪSEI MATSUI
松井優征

1

kana

version française

kana

www.kana.fr

SÉRIE FINIE EN 21 TOMES.

ANSATSU KYOSHITSU © 2012 by Yūsei Matsui/SHUEISHA Inc.

Ce manga est publié dans son sens
de lecture originale, de droite à gauche.

Ici, vous êtes donc à la fin.

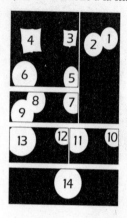

NARUTO

NARUTO © 1999 by Masashi Kishimoto
All rights reserved.
First published in Japan in 1999 by SHUEISHA Inc., Tokyo.
French translation rights in France and French-speaking Belgium, Luxembourg, Switzerland and Canada
arranged by SHUEISHA Inc. through VME PLB SAS, France.

© KANA 2003
© KANA (DARGAUD-LOMBARD s.a.) 2021
7, avenue P-H Spaak - 1060 Bruxelles
24e édition

Tous droits de traduction, de reproduction et d'adaptation
strictement réservés pour la France, la Belgique,
la Suisse, le Luxembourg et le Québec.

Achevé d'imprimer en novembre 2021• Dépôt légal : mars 2003
d/2003/0086/73 • ISBN 978-2-8712-9511-2

Traduit et adapté en français par Sylvain Chollet
Conception graphique : Les Travaux d'Hercule
Adaptation graphique : Éric Montésinos

Imprimé et relié en Italie par L.E.G.O. spa
Via Galileo Galilei 11, 38015 Lavis

PEFC
PEFC/18-31-280

Certifié PEFC

Ce produit est issu de
forêts gérées
durablement et de
sources contrôlées

www.pefc-france.org